SMART COOKIE KID

For 3 - 4 year olds

Mary Khalil
Baha Kodir

序文

この発達ワークブックには、お子様の注意力、集中力、多元的知能、視覚的記憶、運動能力、批判的思考、学習能力、問題解決力、創造性などを高めるために設計された、さまざまな魅力的な演習が含まれています。　最適な結果を得るために、お子様には大人の指導の下、これらのアクティビティを順番に定期的に実行することをお勧めします。　この面白くて注意力を高める本のすべての演習には、明確な指示が付いています。　各エクササイズに特定の時間制限はありません。　　最も重要なことは、お子様が問題を解決したり、新しいスキルを学んだりしながら、楽しんで注意を集中できることです。お子様がアクティビティ中に指示がわかりにくいと感じた場合は、シンプルで共感できる説明や例を示して、その混乱を明確にすることが重要です。　　お子様が練習を無事に完了したときに、言葉で積極的に励ますことは、お子様のやる気を引き出す優れた方法です。　たとえば、「素晴らしい仕事をしていますね!」と言うことができます。　または「あなたは信じられないほど素晴らしいです！」

　この本には、特に子供たちの想像力を魅了するよう、注意深く専門知識を駆使して作成された楽しいイラストが掲載されています。これらの優しい芸術作品は、プロのアーティストの才能の結晶です。

　さらに、保護者が家で子供たちと質の高い絆を深められる時間を提供するために、楽しいゲーム ページも追加しました。　これらの楽しいゲームは、きっと思い出に残る瞬間を生み出し、あなたと小さなお子様との強いつながりを育むでしょう。

同じ形の気球と惑星を見つけてください。

どのマトリョーシカ人形が身長順に分類されているかを
見つけてマークします。

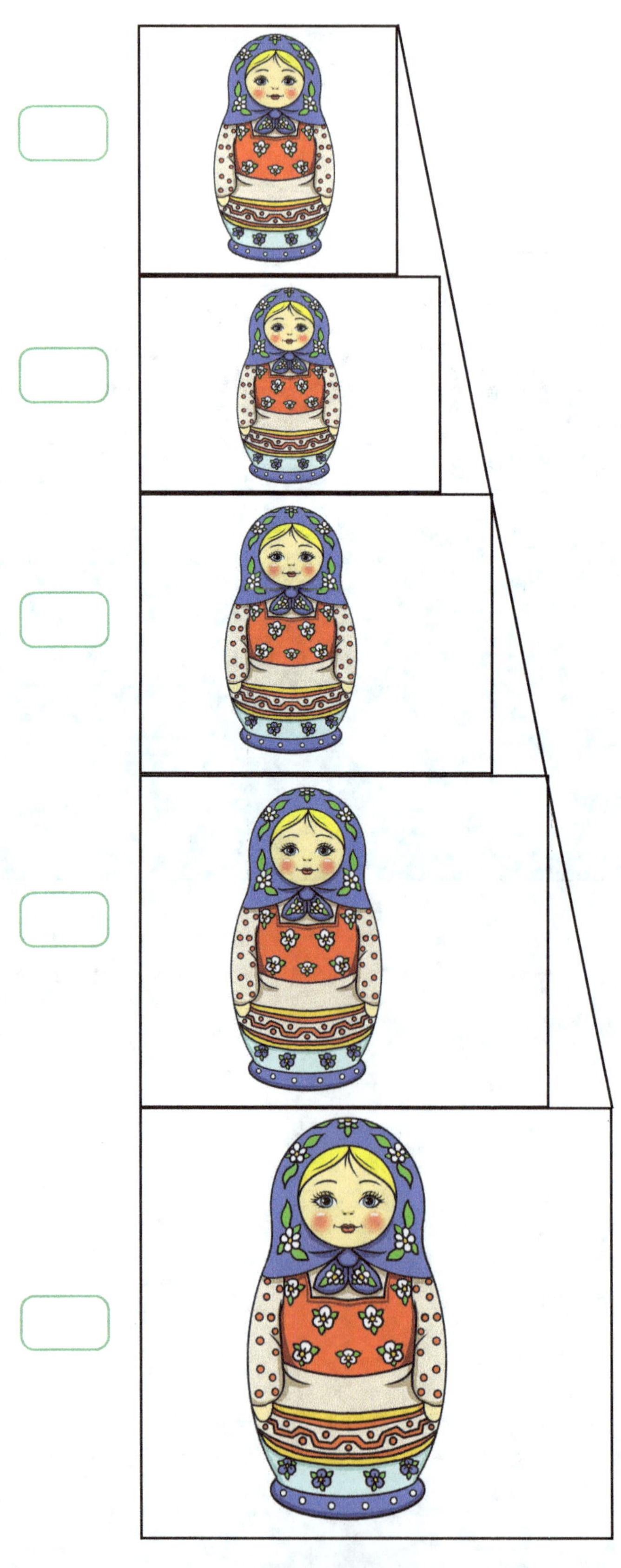

漁師、海人、登山者をよく見て、次のページへ。

前のページを思い出して、このロープが誰のものかを
マークしてください。

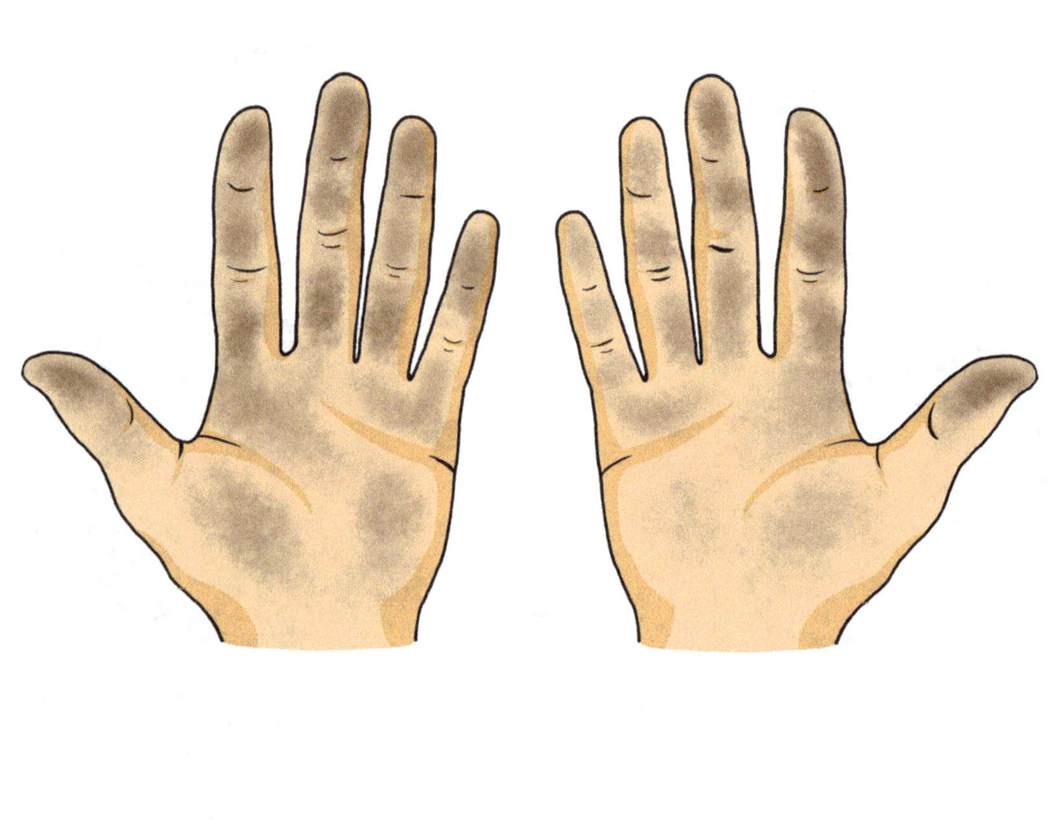

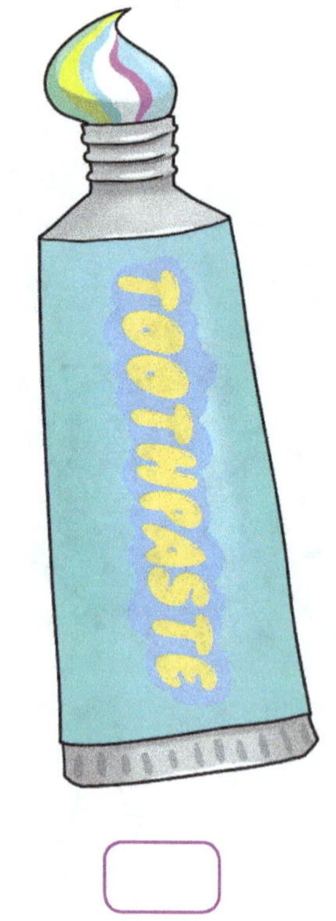

TOOTHPASTE

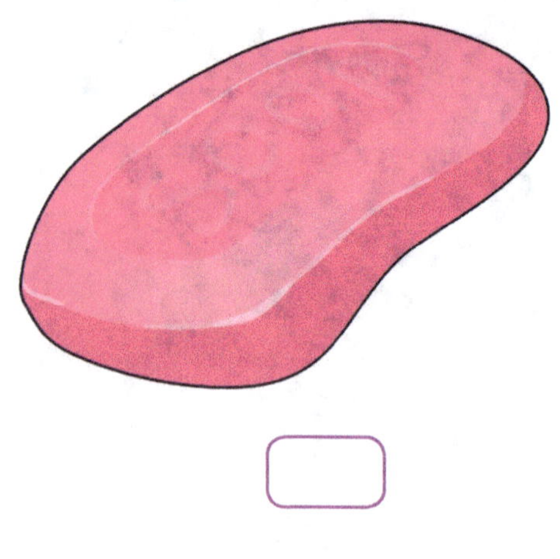

オブジェクトを注意深く見て、次のページに進みます。

前のページを思い出して、このページの変更点に印を付けてください。

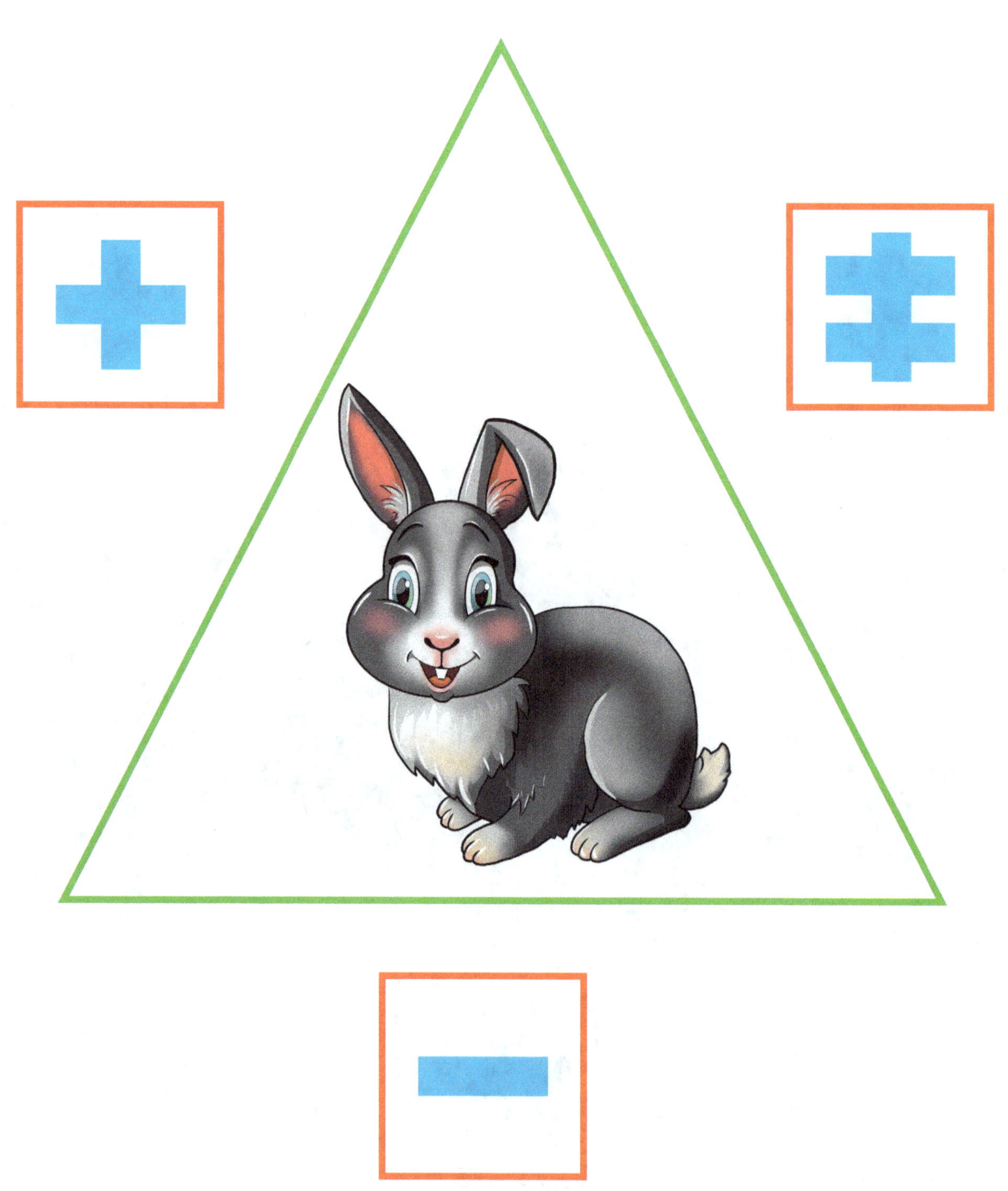

このスポーツマンに属するオブジェクトを見つけて
マークします。

15

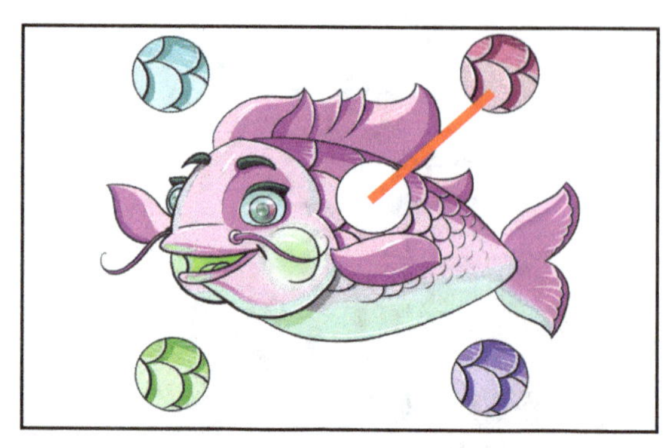

他のものと異なるものを見つけてマークします。

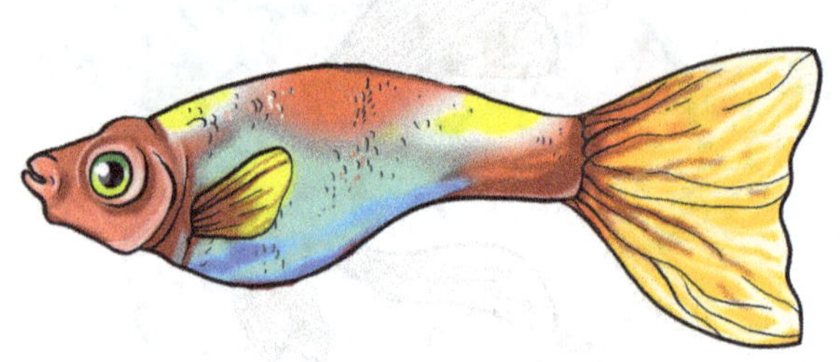

赤ちゃんの線に沿って目の体操をしましょう。この
エクササイズを少なくとも5回繰り返します。

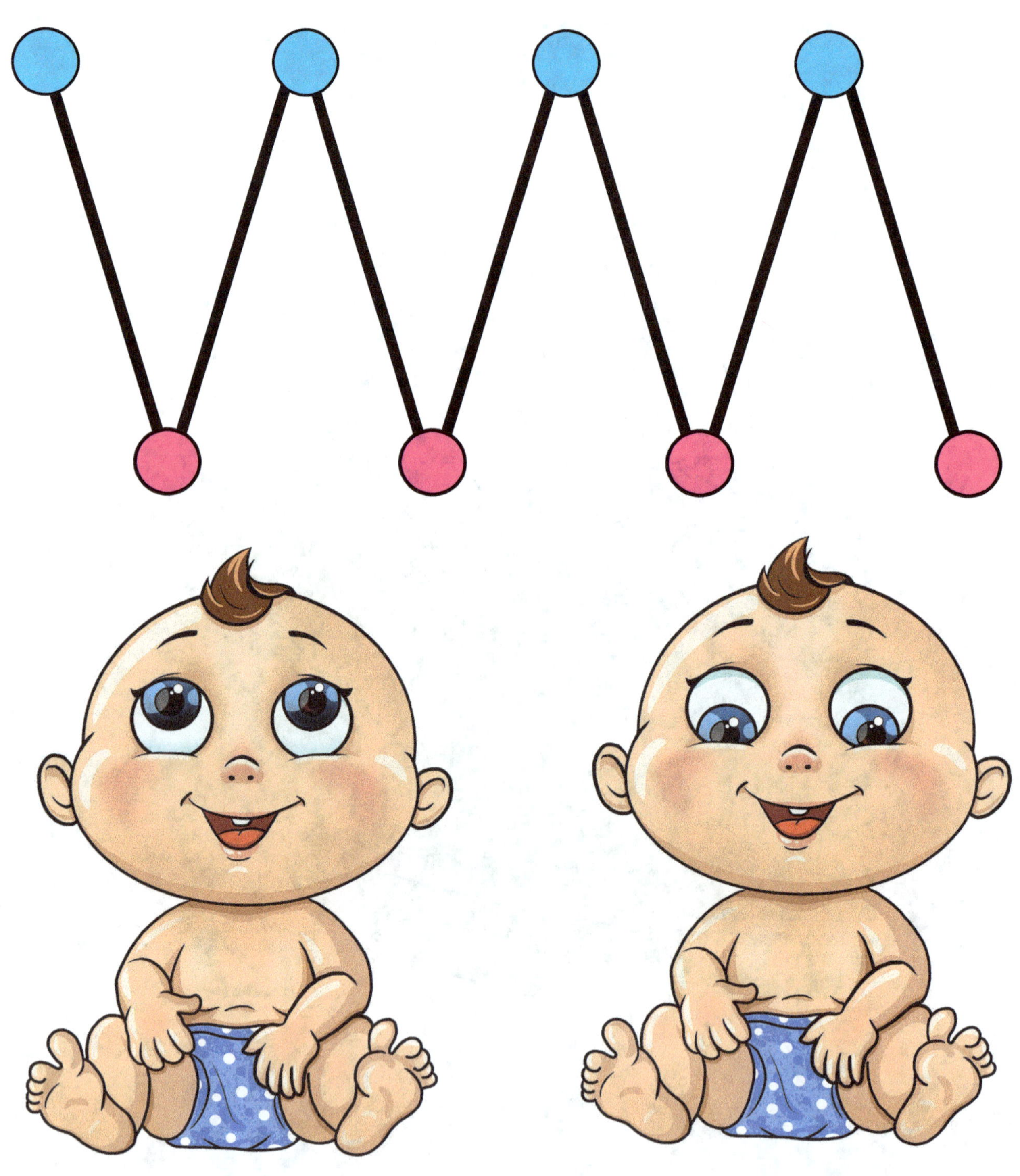

幾何学模様を描画することでオブジェクトに変化させます。

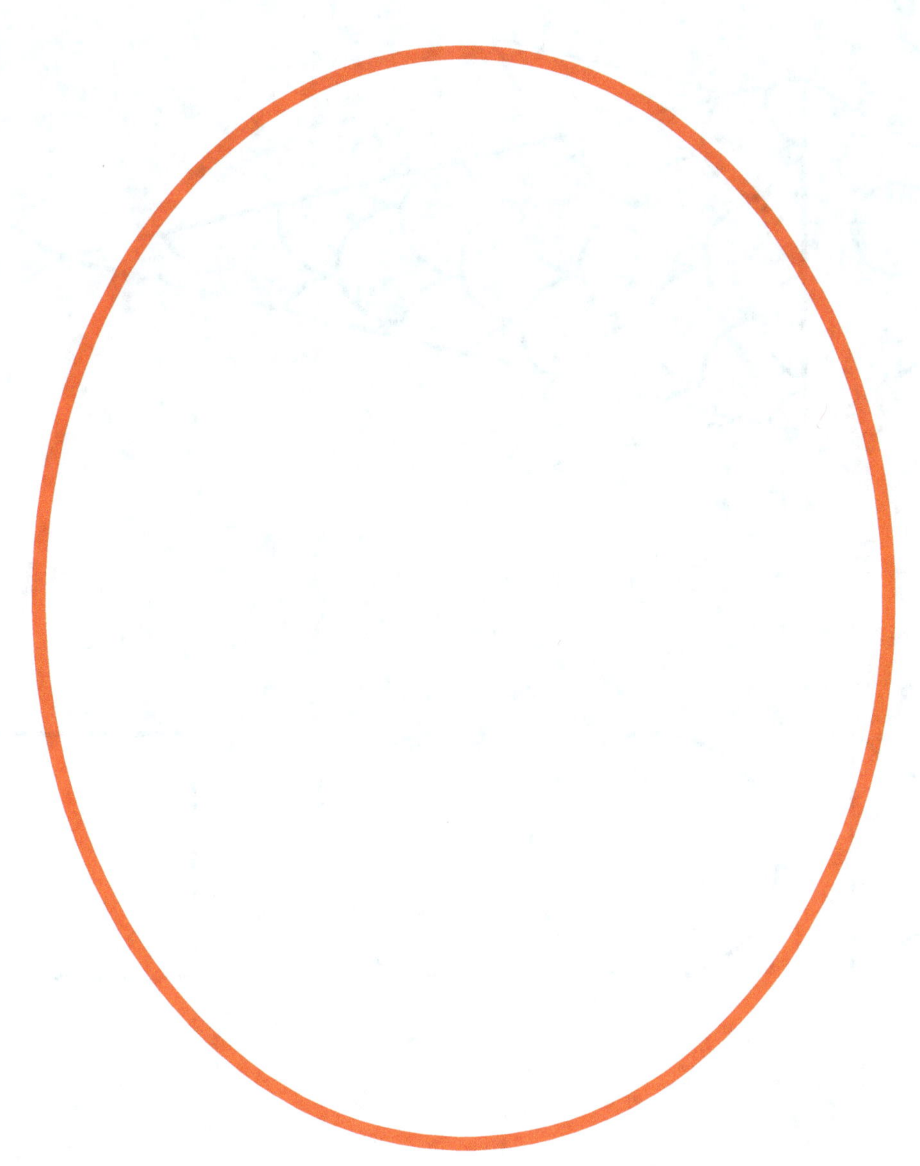

以下の魚の一部ではない幾何学的図形を見つけて
マークしてください。

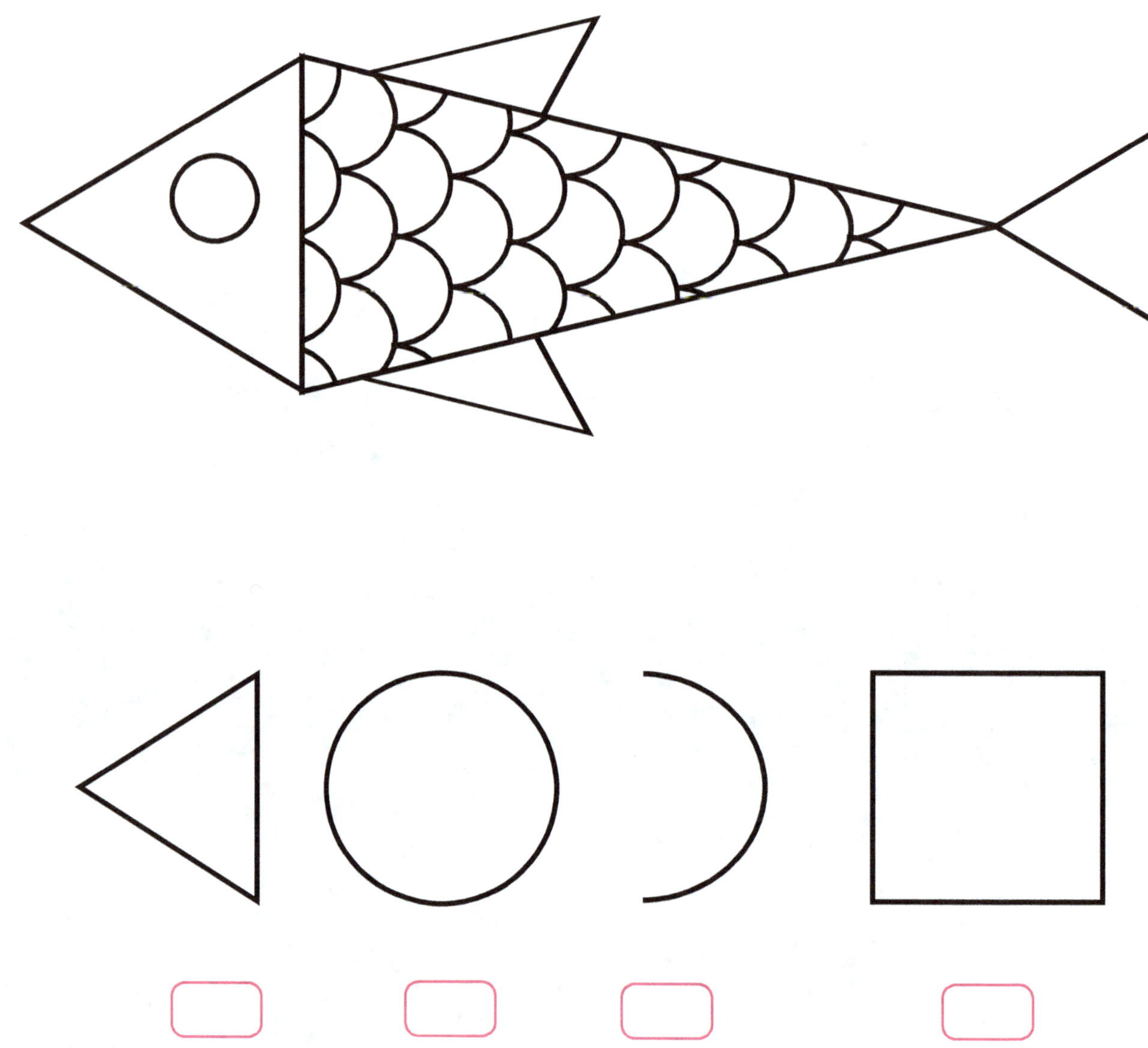

写真の中で色の付いていないスカーフの形を見つけて
マークします。

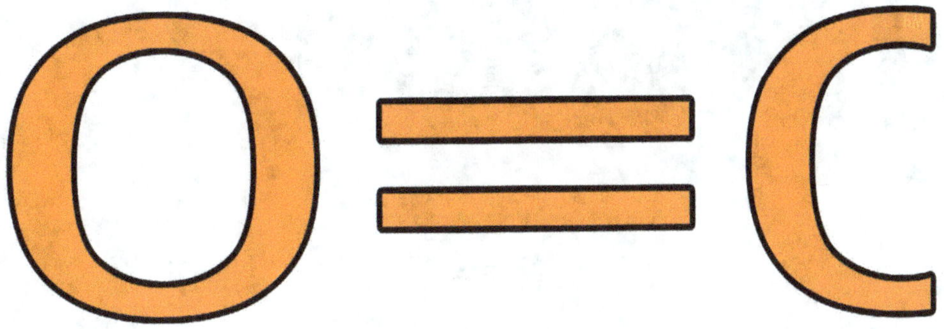

パラシュートとスペースシャトルの同じ形を見つけてください。

海の中にあるものをよく見て、次のページへ進みましょう。